ZEMIRE ET AZOR,

COMÉDIE-BALLET,

EN QUATRE ACTES ET EN VERS ;

Mêlée de Chants & de Danses.

Les Paroles font de M. MARMONTEL. La Musique
de M. GRETRY.

NOUVELLE ÉDITION.

A PARIS,

Chez DIDOT l'aîné, Libraire & Imprimeur, rue Pavée,
près du Quai des Augustins.

M. DCC. LXXIV.

Approbation & Privilege du Roi.

ACTEURS.

A Z O R, Prince Perfan, Roi de Kamir, d'abord fous une forme effrayante.

S A N D E R, Perfan, Négociant, d'Ormus.

A L I, Efclave de Sander.

Z E M I R E,
F A T M É, } Filles de Sander.
L I S B É,

U N E F É E.

Troupes de Génies & de Fées.

La Scene eft en Perfe, alternativement dans un Palais de Fée, & dans une Maifon de campagne très-fimple, fur le Golfe d'Ormus.

ZEMIRE ET AZOR,
COMÉDIE-BALLET.

ACTE PREMIER.

SCENE PREMIERE.

SANDER, ALI.

SANDER.

Quelle étrange aventure! un palais éclairé,
Meublé, richement décoré,
Où je ne rencontre personne.

ALI, *avec frayeur.*

Monfieur, délogeons prudemment.
Il n'y fait pas bon: je foupçonne....

SANDER.

Quoi donc?

ALI.

Que tout ceci n'eft qu'un enchantement.

SANDER.

Un enchantement foit. Au milieu d'un orage,
La nuit, dans un bois ténébreux,
Nous fommes encor trop heureux
De trouver cet afyle.

ALI.

Auriez-vous le courage
D'y paffer la nuit?

SANDER.

Pourquoi non?

ALI.

Monfieur, prenez-y garde.

A ij

SANDER.

Bon!
Qu'as-tu peur ? Si quelqu'un dans ce palais habite,
Il nous y reçoit assez bien.

ALI.

Et si c'est un Génie ?

SANDER.

He bien !

ALI.

Croyez-moi partons au plus vite.

AIR.

L'orage va cesser. *
Déjà les vents s'appaisent ;
Les voilà qui se taisent.
Partons sans balancer.
Ce n'est plus rien, rien qu'un nuage,
Dont le ciel se dégage.
Cela ne peut durer ;
Le tems va s'éclairer.
Vos filles vont passer
La nuit à vous attendre ;
La frayeur va les prendre ;
Pourquoi les délaisser ?
Vous les aimez d'amour si tendre !
Pourquoi, pourquoi les délaisser ?
L'orage va cesser, &c.

SANDER.

Que dis-tu ; l'orage redouble,

ALI, *à part.*

Il a raison.

SANDER.

Comment retrouver mon chemin ?

ALI, *vivement.*

Je vous menerai par la main.

SANDER.

Nous sommes bien : passons ici la nuit sans trouble.

ALI, *avec frayeur.*

Sans trouble !

SANDER.

Au point du jour nous partirons demain.

AIR.

Le malheur me rend intrépide.
J'ai tout perdu, je ne crains rien.
Et pourquoi serois-je timide ?
Pour moi la vie est-elle un bien ?

* *L'accompagnement contrarie les paroles.*

COMÉDIE-BALLET.

Je suis tombé de l'opulence
Dans la misere & dans l'oubli.
Un vaisseau, ma seule espérance,
Dans les flots est enseveli.
Le malheur, &c.

A L I.

Ho ! moi, qui n'eus jamais d'autre bien que la vie,
Je n'aime point à l'exposer.

S A N D E R.

Allons, laisse-moi reposer;
Et dors si tu le peux.

A L I.

Je n'en ai nulle envie.
Dormir chez des esprits ! & sans avoir soupé !....
(Une table servie paroît au milieu du Salon.)
O Ciel!

S A N D E R.

Qu'est-ce ?

A L I.

Monsieur ! une table servie !

S A N D E R.

Tu vois : de nos besoins quelqu'un s'est occupé.

A L I, *tremblant.*

Oui, quelqu'un !

S A N D E R.

Mets-toi là.

A L I.

Vous mangerez ?

S A N D E R.

Sans doute.
Notre hôte est magnifique : il ne ménage rien.

ALI, *en élevant la voix.*

A ce Seigneur-là rien ne coûte.
(plus bas.)
Il faut que j'en dise du bien;
Car il est là qui nous écoute.

S A N D E R.

Mange de ces poulets : ils sont fort délicats.

A L I.

Ah ! si je l'osois, quel repas !

S A N D E R.

Ose, crois-moi.

A L I.

(Il mange.)
Voyons. Encore une aîle. Encore.
Ils sont bons les poulets.

ZEMIRE ET AZOR,

SANDER.

Ne te preſſe donc pas.

ALI.

Excuſez c'eſt que je dévore.

SANDER.

Comment ! du vin d'Europe ! ah ! c'eſt pouſſer trop loin
La magnificence & le ſoin.

ALI.

Du vin !

SANDER.

Goûte.

ALI.

Ah Monſieur ! cette liqueur vermeille.
N'eſt peut-être qu'un poiſon lent.
Mais n'importe. (*Il boit.*) Il eſt excellent ;
Et duſſe-jé en mourir, j'en boirai ma bouteille.

SANDER.

He bien ? comment te trouves-tu ?

ALI.

De cet élixir la vertu
Petit à petit me ſoulage.
De fatigue & d'effroi j'étois preſque abattu ;
Mais je ſens revenir ma force & mon courage.

(*Il boit.*)

Encore un petit coup. Ah ! le charmant breuvage.

AIR.

Les eſprits, dont on nous fait peur.
Sont les meilleures gens du monde.
Voyez comme ici tout abonde.
Quel bon ſoupé ! quelle liqueur !
Ah ! quelle liqueur !
Les eſprits, dont on nous fait peur,
Sont les meilleures gens du monde.
On n'en parle que par envie :
Moquons nous de ces contes vains.
Pour moi, j'en ai l'ame ravie :
Je ne veux pas d'autres voiſins.
Avec eux je paſſe ma vie,
S'ils ont toujours d'auſſi bon vin.
Les eſprits, &c.

SANDER.

Ali, pour le coup, eſt un homme ;
Il ne craint rien.

ALI.

Ho ! rien du tout.
A préſent je vais faire un ſomme.

(*Il ſe jette ſur un ſiege.*)

SANDER.

Voyons quel temps il fait.

ALI, *en s'endormant.*

Jaurois dormi de bout.

DUO.

SANDER.

Le tems est beau.

ALI.

J'en suis bien aise.

SANDER.

Ali !

ALI.

Je dors.

SANDER.

Il faut partir.

ALI.

Quand j'ai bien bu, ne vous déplaise.
Je veux dormir.

SANDER.

Il faut partir.
Tu dormiras plus à ton aise,
Quand nous serons rendus chez moi.

ALI.

Je dors si bien sur une chaise !
On est ici comme chez soi.

SANDER.

Le jour se leve.

ALI.

Qu'il se couche.

SANDER.

Ali, sans toi je m'en irai.

ALI.

Partez sans moi : je vous suivrai.

SANDER

Et si quelque bête farouche
Vient t'attaquer ?

ALI.

Je n'ai pas peur.

SANDER.

Ce vin t'a donné du cœur.

ALI.

Ce bon vin m'a donné du cœur.

SANDER.

Allons , ma famille m'attend.
Leve-toi, je l'ordonne , & partons à l'instant.

ALI.
Ah ! laissez-m'en du moins prendre encore une dose.
(*Il boit.*)

SANDER.
Je veux en quittant ce beau lieu,
Avoir de ce prodige un témoin qui dépose.
Ma petite Zemire, en me disant adieu,
Ne m'a demandé qu'une rose ;
Je vais de ce rosier en cueillir une.
(*Il approche d'un rosier , qui est sur une console, & il en
cueille une rose.*)

SCENE II.

AZOR, SANDER, ALI.

AZOR, *sous une forme effrayante.*

Holà

ALI, *tremblant.*

Ciel !

SANDER.
Que vois-je ?

AZOR.
Que fais-tu là ?
Et pourquoi me prendre mes roses ?
SANDER.
Pardon. Je ne voyois aucun mal à cela ;
Et libéral en toutes choses ;
Je ne te croyois point jaloux de ces fleurs-là.
AZOR.
Téméraire, ingrat, je te donne
L'asyle , un bon souper, le meilleur vin que j'ai ;
Et tu veux que je te pardonne
De me voler mes fleurs ! non, je serai vengé.
SANDER.
Tu peux disposer de ma vie.
Je ne la plains, ni ne défends
Des jours si peu dignes d'envie.
Je n'ai regret qu'à mes enfans.
AZOR.
De trois filles, dit-on, le destin t'a fait pere ?
SANDER.
Hélas ! ce qui me désespere ,
C'est de les laisser sans appui.

ALI.

ALI.

Ah! vous auriez pitié de lui,
Si vous faviez combien fes trois filles font belles.

SANDER.

Je viens d'Ormus. J'allois y favoir des nouvelles
    D'un vaiffeau, mon dernier efpoir.
    Mes filles, croyant me revoir
    Dans l'opulence, l'une d'elles,
    A mon départ, me demanda
    Des rubans, l'autre des dentelles;
    Mais la plus jeune leur céda
    Toutes ces riches bagatelles;
    Et d'un air tendre & careffant,
    Elle me dit en m'embraffant:
» Je ne veux qu'une Rofe: elle me fera chere,
    » Plus que le don le plus brillant;
» Et je dirai: C'eft à moi que mon pere
    » Daignoit penfer en la cueillant.

AIR.

    La pauvre enfant ne favoit pas
    Qu'elle demandoit mon trépas.
    Cachez lui bien que cette rofe
        Eft la caufe
        De mon malheur.
    Ah! pour elle quelle douleur!
        Sa tendreffe
        Qui me preffe
    De revenir dans fes bras,
    Me rappelle ma promeffe.
    Ah! pauvre enfant, tu ne fais pas
    Que tu demande mon trépas.

AZOR.

    J'ai l'ame affez compatiffante
Pour me laiffer fléchir. Mais il faut que, pour toi,
    L'une de tes filles confente
    A venir fe donner à moi.

SANDER.

Moi! te livrer ma fille!

AZOR.

        Il faut me le promettre,
    Ou fur l'heure!....

ALI, *bas à Sander.*

        Il eft le plus fort;
Et c'eft à nous de nous foumettre.

SANDER, *bas.*

Non. Mais je veux les voir encore, avant ma mort.

B

(*haut.*)

Malgré le sort qui nous menace,
J'en donne ma parole ; & je te la tiendrai :
L'une d'elles prendra ma place,
Ou moi-même je reviendrai.

AZOR.

Voilà qui nous réconcilie.
Reprends cette fleur.

SANDER.

Moi *!*

AZOR.

Reprends-là : je le veux ;
Et qu'elle soit pour tous les deux
Le garant mutuel de la foi qui nous lie.

AIR.

Ne vas pas me tromper.
Ne crois pas m'échapper.
Sur la terre & sur l'onde
Ma puissance s'étend ;
Et jusqu'au bout du monde
Ma vengeance t'attend.
Compte sur mes largesses,
Si tu me satisfaits ;
Sois sûr que mes bienfaits
Passeront mes promesses,
Que pour toi mes richesses
Ne tariront jamais ;
Mais !
Ne vas pas me tromper, &c.
Choisis, ou ma colere, ou ma reconnoissance.

SANDER.

Je vois trop quelle est ta puissance,
Pour oser manquer à ma foi.

AZOR.

Prends-y bien garde. Allons, suis-moi :
Je vais t'abréger le voyage ;
Et dans l'instant même un nuage
Va te porter d'ici chez toi.

ALI, *tremblant.*

Un nuage ! Ah *!* permettez . . . .

AZOR.

Quoi?

ALI.

Que je m'en aille à pied.

AZOR.

Pourquoi donc?

A L I.

Mon ufage
N'eſt pas d'aller ſur un nuage.

A Z O R.

Aimerois-tu mieux un dragon ?

A L I, *avec une frayeur plus vive.*

Ho ! non. Pour aller de la ſorte ;
Je n'ai pas la tête aſſez forte.

A Z O R.

Hé bien , tu peux attendre ici ton maître.

A L I.

Non !
Le nuage d'abord m'a fait peur ; mais n'importe :
Puiſque mon maître y va j'y puis aller auſſi.

A Z O R.

Viens donc.

A L I.

Si pourtant....

A Z O R.

point de ſi.

A L I.

Allons , que le diable m'emporte !
Pourvu que ce ſoit loin d'ici.
(Symphonie qui exprime le vol du nuage.)
(Le Théâtre change , & repréſente l'intérieur de la maiſon de
SANDER.)

Fin du premier acte.

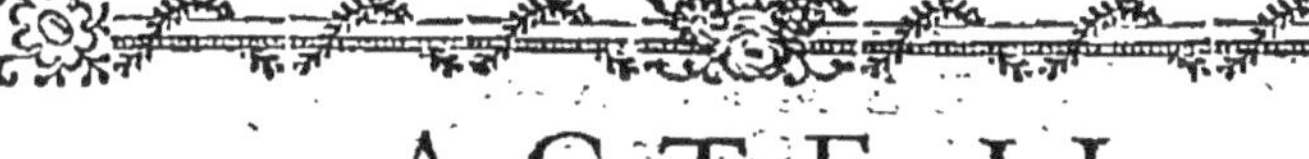

ACTE II.

SCENE PREMIERE.

ZEMIRE , FATMÉ , LISBÉ , *travaillant à la lu-*
miere d'une lampe.

ENSEMBLE.

TRIO.

Veillons , mes ſœurs , veillons encore ;
La nuit
S'enfuit
Devant l'aurore.

Mes sœurs, voilà bientôt le jour.
Jour prospere,
Rends un pere,
Rends un pere à notre amour.

FATMÉ.

Il m'a promis des dentelles.

LISBÉ.

A moi des rubans nouveaux.

FATMÉ.

Les dentelles les plus belles.

LISBÉ.

Et les rubans les plus beaux.

ZEMIRE.

Il m'a promis une rose.
C'est la fleur que je chéris.

FATMÉ ET LISBÉ.

Une rose ; c'est peu de chose.

ZEMIRE.

De sa main elle est sans prix.

ENSEMBLE.

Veillons, mes sœurs, &c.

SCENE II.

SANDER, ALI, LES TROIS FILLES, ZEMIRE, FATMÉ ET LISBÉ.

AH ! mon pere !

SANDER.

Bonjour, mes enfans.

ZEMIRE.

Quelle joie
Nous cause votre heureux retour !

FATMÉ.

Le ciel vous rend à notre amour.

SANDER.

Il permet que je vous revoie.

ALI, à part.

Me voilà. J'en suis étourdi.
Les vents font un fier attelage !
Et je le donne au plus hardi.

ZEMIRE, à Sander.

Avez-vous fait un bon voyage ?

FATMÉ.

Revenez-vous bien riche ?

SANDER.

Hélas ! tout a péri.

LISBÉ et FATMÉ.

Tout a péri !

SANDER.

Dans la misere
Nous voilà retombés.

ZEMIRE.

Mon pere,
Vous n'en serez que plus chéri.

SANDER.

(à Fatme & à Lisbé.)   (à Zemire.)

Mes enfans, vous pleurez ! & toi, tu me consoles !

ZEMIRE.

Vous même, vous comptiez si peu.
Sur des espérances frivoles ;
Nous en avons encore assez, de votre aveu.
Pour être heureux il faut si peu de chose !
L'oiseau des bois comme nous est sans bien ;
Le jour il chante, & la nuit il repose.
Il n'a qu'un nid ; que lui manque-t-il ? rien.
J'ai vu souvent, dans la campagne,
Le pauvre & joyeux moissonneur
Folâtrer avec sa compagne,
Et chanter gaiement son bonheur.
Allons, mon pere, allons, courage.
Leur exemple est pour nous une belle leçon !
Ali peut bien lui seul vaquer au labourage ;
Et vous, mes sœurs, & moi, nous ferons la moisson.
Les petits détails du ménage,
Le doux travail du jardinage,
Le soin de garder nos brebis,
Tout cela n'est qu'un badinage.
Le soir dans notre asyle, & le jour à l'ombrage,
Nous trois, auprès de vous, filerons vos habits.
N'est-il pas vrai, mes sœurs, qu'un pere qui nous aime,
Nous tient lieu de richesse, & suffit à nos vœux ?

LISBÉ.

Oui, ma sœur.

FATMÉ.

Hélas, oui !

ZEMIRE.

Nous pensons tout de même ;
Ne soyez donc plus malheureux.

SANDER.

La pauvre enfant ! qu'elle est touchante !
Sa raison, sa bonté, sa tendresse m'enchante.
Je me suis souvenu de toi.

(*à Fatmé & à Lisbé.*)

Pour vous deux, je n'ai pu... vous en savez la cause :

FATMÉ ET LISBÉ.

Vous êtes trop bon.

SANDER, *aux mêmes.*

— Plaignez-moi.
Toi, Zemire, tu n'as demandé qu'une rose ;
La voilà.

ZEMIRE.

Vous me raviſſez.

SANDER.

Oui, qu'elle te soit chere. (*bas.*) Elle me coûte aſſez.

ZEMIRE.

A I R.

Rose chérie,
Aimable fleur,
Viens sur mon cœur.
Qu'elle est fleurie !
Ah ! quelle odeur !
Voyez, ma sœur,
Qu'elle est fleurie !
Que ses parfums ont de douceur !
Des mains d'un pere
Qu'elle m'est chere !
Quoi ! j'occupois mon pere absent !
Ah *!* que mon cœur en est reconnoiſſant *!*
C'est à moi, c'est à moi que s'adreſſe
Cet amour, cet excès de tendreſſe !
Bonté touchante !
Soin qui m'enchante !
Bonté touchante !
Don raviſſant !
Rose chérie,
Aimable fleur,
Viens sur mon cœur
Puiser la vie.
Viens du moins mourir sur mon cœur.

SANDER.

Vous avez, mes enfans, veillé toute la nuit ;
J'ai besoin de repos moi-même.
Venez, embraſſez-moi. (*à part.*) Ciel ! où m'as-tu réduit.

(*Fatmé & Lisbé se retirent ; Zemire reste, observant son pere,
qui se jette sur un siege, accablé de douleur.*)

SCENE III.

SANDER, ALI, ZEMIRE.

ZEMIRE, *à part.*

Comme il est affligé !

SANDER, *l'appercevant.*

Va-t-en.

ZEMIRE.

Non, je vous aime
Plus que ma vie, & je ne puis....

SANDER.

Va-t-en. Dans l'état où je suis....
Laisse-moi.

ZEMIRE.

D'où vous vient cette douleur extrême ?

SANDER.

Que lui dirai-je ? (*haut.*) Va, ce n'est rien.

ZEMIRE.

Ce n'est rien.
Non, votre cœur ne peut se dérober au mien.
Avant que d'avoir l'espérance
Que ce vaisseau vous fût rendu,
Vous êtiez consolé de le croire perdu.
Aujourd'hui, quelle différence !
Triste, abattu, découragé,
Mon pere ! en quel état vous êtes !
Dites-moi vos peines secretes,
Et vous en serez soulagé.
Est-ce à votre pauvre petite,
Qui vous aime si tendrement,
Que ce cœur devroit un moment
Cacher le trouble qui l'agite ?

SANDER.

(*Elle s'éloigne.*)
Laisse-moi.... Je l'afflige, il faut la consoler.
Viens, embrasse ton pere avant de t'en aller.

ZEMIRE.

Mon pere !

SANDER.

Allons, va-t-en. Va reposer, te dis-je.
(*Il sort.*)

ZEMIRE, *à part.*

Non, je le suis. Je veux savoir ce qui l'afflige.
Son silence me fait trembler.

SCENE IV.

ALI, *seul.*

JE crois rêver; je crois être en délire.
De ma frayeur je ne suis point remis.
Mon pauvre maître! il a promis;
Et le moyen de s'en dédire?
Voilà pourtant, sans y songer,
Ce que l'on gagne à voyager.

AIR.

Plus de voyage qui me tente.
Je veux mourir vieux; si je puis.
Je ne serai plus qu'une plante;
Et je prends racine où je suis.
Passe encore pour aller sur terre:
C'est un plaisir quand il fait beau.
Passe encor pour aller sur l'eau:
Quoique je ne m'y plaise guere.
Mais voyager sur les nuages;
Et voir là-bas, là-bas, là-bas,
La terre s'enfuir sous ses pas!
Cela dégoûte des voyages.
La tête tourne d'y penser.
Je ne veux plus recommencer.

SCENE V.

ALI, ZEMIRE.

ZEMIRE.

ALi, mon cher Ali, dis-moi ce qu'a mon père?
Son silence me désespere.
Il mêle à ses embrassemens
Des soupirs, des gémissemens
Qui remplissent mon cœur des plus vives alarmes.

ALI, *à part.*

Allons nous-en.

ZEMIRE.

Quoi! tu me fuis!

AIR.

Ho! moi, je ne sais pas résister à des larmes.

ZEMIRE.

Cher Ali, prends pitié de l'état où je suis.
Daigne me confier les peines de ton maître.

Je les adoucirai peut-être ;
Je les calmerai, si je puis.

ALI, *à part.*

L'aimable enfant ! quel dommage,
D'être mangée à son âge !
Il n'en feroit qu'un repas.

ZEMIRE.

Que dis-tu là ?

ALI, *à part.*

Non, je gage
Qu'il ne la mangeroit pas.
Ecoutez. Il est sûr que sans votre assistance,
Votre malheureux pere est un homme perdu.

ZEMIRE.

Mon pere ?

ALI.

Il m'a bien défendu
De vous en faire confidence ;
Mais il ne s'agit pas ici de reculer,
Ni de vous rien dissimuler,
Cette nuit dans un bois....

SANDER, *sans se montrer.*

Ali !

ALI.

Je crois l'entendre.
Oui, c'est lui-même. Allez m'attendre.

ZEMIRE.

Ah ! tu m'en as trop dit pour ne pas achever.

ALI.

Allez. Je vais vous retrouver.

SCENE VI.

SANDER, ALI.

SANDER, *à part.*

Plus de repos pour moi. Le trouble qui me presse...
(*à Ali.*)
Tu ne dors pas ?

ALI, *tristement.*

Moi ? non.

SANDER.

Et ces pauvres enfans ?

ALI.

Elles reposent.

C

SANDER.

Leur tendresse
Me fait un mal !... je te défends,
Encore une fois, de leur dire,
Où je vais, ni quel est le malheur qui m'attend.

ALI.

Quoi ! vous allez !...

SANDER.

Ce soir.

ALI.

Cela presse-t-il tant ?

SANDER.

Une table, je veux écrire.
Laisse-moi.

SCENE VII.

SANDER, *seul.*

JE suis si troublé !...
Du poids de ma douleur je me sens accablé.
     RÉCITATIF *obligé.*
     (Il écrit.)
Je vais encore faire un voyage,
Bien long peut-être ! ô ! vous, que je laisse au milieu
     Des écueils de votre âge ;
Veille sur vous le Ciel !... jouissez en ce lieu
Des douceurs d'une vie obscure, honnête & sage...
Aimez vous, aimez moi. Je vous embrasse. Adieu.
Me voilà plus tranquille. Il faut que je dépose
Cette lettre en main sure. Ali !... mais il repose.
     Ce soir, avant que de partir,
     Il suffira que je la laisse.
     Je suis abattu de foiblesse ;
Et je sens, malgré moi, mes yeux s'appesantir.
           (Il sort.)

SCENE vIII.

ZEMIRE, ALI.

DUO.

ZEMIRE.

JE veux le voir, je veux lui dire
Que c'est à moi de m'offrir au trépas.

ALI.

Ah ! Zemire,
Parlez plus bas.
Il vous entend : parlez plus bas.
Que j'ai mal fait de vous le dire !
Voilà, voilà comme je suis :
Je veux me taire & je ne puis.

ZEMIRE.

Que pour moi mon pere expire !
Non , je ne le souffrirai pas.
Je veux le voir : je veux lui dire,
Que c'est à moi de m'offrir au trépas.

ALI.

Ah ! Zémire,
Parlez plus bas.
Il vous entend : parlez plus bas.
Il veut partir sans vous le dire.

ZEMIRE.

Sans me le dire , il veut partir !
Non, non , je n'y puis consentir.
Je veux le voir ;
C'est mon devoir.

ALI.

Vous l'allez voir.
au désespoir.

ZEMIRE.

Hé bien , sois mon guide toi-même.
Vers ce palais conduis mes pas.

ALI.

Qui ? moi ! vous mener au trépas !
Trahir un pere qui vous aime !
Non , non.

ZEMIRE.

Cruel ! ne vois tu pas
Que je le dérobe au trépas ?
Veux-tu le voir perir lui-même.

ALI.

Non , non , non , non , je n'irai pas.
(à part.)
Et je tremble aussi pour moi-même.

ZEMIRE.

Cher Ali ! mon pere repose.
C'est le moment : conduis mes pas.

ALI.

Non, non, je n'ai garde ; (à part.) & pour cause.

ZEMIRE.

De son malheur je suis la cause
Je dois le sauver du trépas

ALI.

Non, non, non, non, je n'irai pas.

ZEMIRE.

Tu n'as jamais aimé ton Maître.

ALI.

Je l'aime, hélas! il le sait bien.

ZEMIRE.

Si tu l'aimes, fais-le connoître.
Le tems nous presse; vien.

ALI.

Non.

ZEMIRE.

Vien.

ALI.

Je n'entends rien.

ZEMIRE.

A tes genoux
Que j'embrasse....

ALI.

Ah! de grace!
Levez-vous.

(à part.)

Ma foiblesse va me prendre.

ZEMIRE.

A mes pleurs il faut te rendre.
Si nous tardons, il est perdu.

ALI, , *à part.*

Je m'attendris, je suis rendu.
(*Le Théâtre change, & représente le sallon du Palais d'Azor.*)

Fin du second Acte.

ACTE III.

SCENE PREMIERE.

AZOR, *seul.*

CRuelle Fée, abrege ou ma vie ou ma peine.
Tu m'avois donné la beauté :
De ce don je fus trop flatté ;

Mais hélas ! eſt-ce un crime à mériter ta haine ?
Qu'exige de moi ta rigueur ?
Sous ces traits tu veux que l'on m'aime ;
Et le charme eſt détruit, ſi malgré ma laideur,
Je puis toucher un jeune cœur ;
Mais peux-tu l'eſpérer toi-même ?
Pour commander aux élémens ;
Tu m'as bien donné ta puiſſance ;
L'amour eſt au-deſſus de tes enchantemens.

A I R.

Ah ! quel tourment d'être ſenſible,
D'avoir un cœur fait pour l'amour,
Sans que jamais il ſoit poſſible
De ſe voir aimer à ſon tour !
Je porte avec moi l'épouvante,
Et je ne répands que l'effroi.
La beauté timide & tremblante,
S'alarme & s'enfuit devant moi.
Ah ! quel tourment, &c.
Ce bon pere, à qui je commande
De me livrer ſa fille aura-t-il la rigueur
De m'obéir ? Pour moi c'eſt un nouveau malheur ;
S'il fait ce que je lui demande.
J'aimerai ; mais puis-je à mon tour
Me faire aimer par la contrainte ?
La haine obéit à la crainte ;
L'amour n'obéit qu'à l'amour.
Que vois-je ? une jeune perſonne
Qui s'avance vers ce palais.

(*vivement.*)

Je reconnois ſon guide : oui, c'eſt lui, Si j'allois
Au devant d'elle ? non.... je brule & je friſſonne.
Cachons-nous ; tâchons de ſavoir
A quels plaiſirs elle eſt ſenſible,
Et que ſon cœur, s'il eſt poſſible,
Se raſſure avant de me voir.   (*il ſort.*)

━━━━━━━━━━━━━━━━━━

SCENE II.

ALI, ZEMIRE.

ALI.

Vous voilà ; je me ſauve : adieu.

ZEMIRE.

Quoi !

ALI, *trouvant les portes fermées.*

Misérable!

C'eft fait de moi, tout eft fermé.

ZEMIRE.
Ali, je te vois alarmé.

ALI, *à haute voix.*
Allons; rendons-nous favorable
L'hôte charmant qui nous reçoit.
Avec plaifir chez lui, fans doute, il me revoit;
Puifqu'il a la bonté de vouloir que j'y refte.
(*bas.*)
Pourquoi fuis-je venu; complaifance funefte !

ZEMIRE.
Il eft donc bien hideux ? bien effroyable !

ALI, *à haute voix.*

Non.

ZEMIRE.
Tu me l'as dit.

ALI, *de même.*

Moi ? Dieu m'en garde !

On le croiroit d'abord; mais plus on le regarde...
Il a l'air noble; il eft bien fait, dans fa façon.
Je n'ai pas trop vû fon vifage;
Mais il eft jeune, il eft galant :
On a toujours affez de quoi plaire à fon âge.
Du refte, il eft riche, opulent;
Il aime le bon vin : c'eft d'un heureux préfage;
Car toujours un buveur a le cœur excellent.
Courage ! allons, Mademoifelle,
Vous l'apprivoiferez : vous êtes jeune & belle.
Tenez vous droite en le voyant;
Faites lui bien la révérence;
Et de le trouver effrayant
Gardez-vous d'avoir l'apparence :
Cela ne feroit pas honnête. Il vous dira....
Que fais-je ? ce qu'il lui plaira.
Répondez lui d'un air.... là.... d'un ton qui le touche :
(*bas.*) Car il eft tant foit peu farouche.
Mais fur-tout foyez mon appui;
Et de me dévorer s'il avoit quelque envie,
Dites lui que j'aime la vie;
Et faites bien valoir ce que j'ai fait pour lui.

ZEMIRE.
Sera-t-il long-temps invifible ?

ALI.
Ho ! non.

ZEMIRE.
Dans son palais tout me semble paisible.
Vois ces livres, ce clavecin.

ALI.
Oui de galanterie avec vous il se pique.

ZEMIRE.
On diroit qu'il a su que j'aime la musique.
Et qu'il veut m'amuser.

ALI.
Vraiment! c'est son dessein.

ZEMIRE.
Que vois-je? Ali, tiens, tu sais lire;
Vois : *Appartement de Zemire.* *
C'est donc là qu'il veut me loger?
Ouvre.

ALI, *avec frayeur.*
Moi! c'est chez vous, Madame; ouvrez vous-même.

ZEMIRE, *elle ouvre.*
Quel éclat, cher Ali! quelle richesse extrême.

ALI.
Il ne veut pas vous égorger.

DUO.

ZEMIRE.	**ALI**, *cherchant à s'échapper.*
Rassure mon pere;	Oui, mais comment faire!
Dis-lui qu'on n'a pas	On arrête mes pas.
Résolu mon trépas.	Ne voyez-vous pas :
Console mon pere;	Hélas! pour vous plaire
Dis-lui que j'espere	Je me vois dans ces lacs.
Me revoir dans ses bras.	Dans notre humble asyle,
Si dans son asyle	J'étois si tranquille !
Je le sais tranquille,	J'étois sans effroi.
Je suis sans effroi.	Celui qui vous aime,
Je dis en moi-même :	Ne peut-il de même
Il respire, il m'aime;	Vous aimer sans moi?
C'est assez pour moi.	Que veut-il de moi ?
C'est assez qu'il vive.	Ne peut-il vous aimer sans
Qu'il oublie, hélas !	moi ?
La pauvre captive,	Soyez sa captive,
La pauvre captive	Pourvu que je vive
Ne s'en plaindra pas.	Je ne m'en plains pas.

AZOR, *sans se montrer.*
Esclave, éloigne-toi. Laisse-là dans ces lieux.

(Les portes s'ouvrent)

ALI, *en s'enfuyant.*
Ah! je ne demande pas mieux.

* Ces mots sont écrits sur une porte.

SCENE III.

ZEMIRE, *seule.*

ME voilà seule... allons. Il va venir. Qu'il vienne....
Le cœur me bat... Hé bien ? quelle peur est la mienne ?
　　　Mon pere n'est plus en danger ;
　　　Je ne crains plus que pour moi-même.
Le ciel protégera l'innocence qu'il aime.
J'ai rempli mon devoir ; & mon sort peut changer.

SCENE IV.

ZEMIRE, TROUPE DE GENIES.

(Danse de Génies qui rendent hommage à ZEMIRE.)

ZEMIRE.

MAis quelle Cour brillante autour de moi s'empresse ?
　　　Est ce à moi que cela s'adresse ?
Sur ce trône de fleurs voudroit-on m'élever ?
　　　En vérité je crois rêver.
(Les Génies des Arts font la cour à ZEMIRE.)

SCENE V.

ZEMIRE, AZOR.

ZEMIRE, *tombant évanouie dans les bras des Fées.*

O Ciel !

AZOR.

　　　De ma laideur effet inévitable !
Zémire ! ah ! revenez de ce mortel effroi.
Je parois à vos yeux un monstre épouvantable ;
D'un pouvoir ennemi tel est l'injuste loi ;
Mais hélas ! sous ces traits, s'il vous étoit possible
De lire dans mon cœur ! il est tendre & sensible ;
Ne me regardez pas, Zémire ; écoutez-moi,
(Il fait signe aux Génies & aux Fées de s'éloigner.)

ZEMIRE.

Tous mes sens sont glacés, à peine je respire.

AZOR, *à ses genoux.*

Et quelle frayeur vous inspire
Le déplorable Azor, tremblant à vos genoux ?

ZEMIRE.

ZEMIRE *le regarde.*
Ah !... Je me meurs. Eloignez-vous.
Si vous ne voulez que j'expire.

AZOR *se releve.*
Vivez. C'eſt à moi d'expirer,
Si vous refuſez de m'entendre.

ZEMIRE, *à part.*
Comme il a l'air craintif ! quelle voix douce & tendre !
(*d'un air timide.*)
N'allez-vous pas me dévorer ?

AZOR.
Qui ? moi ! je veux paſſer ma vie
À vous plaire, à vous adorer.
De vous faire aucun mal je n'eus jamais l'envie.

ZEMIRE *se leve.*
Je commence à me raſſurer.

AZOR.

AIR.

Du moment qu'on aime,
L'on devient ſi doux !
Et je ſuis moi-même
Plus tremblant que vous.
Hé quoi ! vous craignez
L'eſclave timide
Sur qui vous régnez !
N'ayez plus de peur :
La haine homicide
Eſt loin de mon cœur.
Du moment, &c.

ZEMIRE, *à part.*
Je ne puis revenir de mon étonnement.
Quelle figure horrible ! & quel charmant langage !
Non , cette voix là ſurement
N'annonce pas un cœur ſauvage !
Et ſa laideur ſans doute eſt un enchantement.

AZOR.
Je ſuis donc bien épouvantable !

ZEMIRE.
Mais... vous n'êtes pas beau.

AZOR.
Vous me haïſſez ?

ZEMIRE.
Non :
Quand on n'eſt pas méchant on n'eſt point haïſſable.

AZOR.
Et ſi j'ai ſous ces traits un cœur ſenſible & bon.

D

ZEMIRE.

Je vous plaindrai.

AZOR.

Zemire, il est trop véritable.
Plaignez-moi : l'on ne peut avoir,
Sous des traits plus hideux, un naturel plus tendre.

ZEMIRE.

Hélas ! j'oublie à vous entendre,
La peur que j'avois à vous voir.

AZOR.

Oui, Zemire, vous êtes reine
De ce palais, & de mon cœur.
Parlez, commandez en vainqueur ;
Ici tout reconnoît votre loi souveraine.
Ici mille innocens plaisirs
Charmeront votre solitude.
Vous avez des talens, & vous aimez l'étude ;
Voilà de quoi sans cesse occuper vos loisirs.
Les beaux arts, la riche nature,
Des jardins émaillés des plus vives couleurs,
Les oiseaux, les fleurs.

ZEMIRE.

Ah ! les fleurs !

AZOR.

Vous en aimerez la culture.
Si quelquefois, par grace, à vos amusemens,
Vous daignez consentir que l'amitié se joigne,
Vous lui ferez passer de bien heureux momens !
Si vous voulez qu'elle s'éloigne,
Je m'en refuserai les tendres mouvemens.

ZEMIRE.

Mais mon pere, mes sœurs ?

AZOR, *vivement.*

Je suis riche, & j'espere,
A force de bienfaits, consoler votre pere.
Qu'il forme des souhaits, je les accomplirai :
Je doterai vos sœurs, je les établirai.
Ils ont perdu leurs biens ; je les en dédommage ;
Et ceux dont je les comblerai
Seront encore un foible hommage,
Trop peu digne de celle à qui je le rendrai.

ZEMIRE.

Mais... Vous m'attendrissez on ne peut davantage.

AZOR.

Ah Zemire !

ZEMIRE.

A vous voir j'accoutume mes yeux.

AZOR.

Hé bien, commencez donc à vous plaire en ces lieux ;
Vous chantez, je le fais, vous chantez à merveille.
En parlant votre voix touche, émeut tous mes fens ;
    Ah ! quel charme pour mon oreille,
    D'entendre éclater vos accens !

ZEMIRE.

Si vous defirez que je chante,
Je chanterai.

AZOR.

    Quelle bonté touchante !

ZEMIRE. Air.

La fauvette avec ses petits,
Se croit la reine du bocage :
De leur réveil, par son ramage,
Tous les échos font avertis.
    Sa naiffante famille
    Autour d'elle fautille,
    Voltige & prend l'effor ;
    Raffemblés fous fon aîle,
    De leur amour pour elle,
    Elle jouit encor.
    Mais par malheur
    Vient l'oifeleur,
Qui lui ravit fon efpérance.
La pauvre mere, elle ne penfe
    Qu'à fon malheur.
Tout retentit de fa douleur.

AZOR.

    Vos chants pour moi font une plainte.
    Hélas ! je ne puis réuffir
A calmer les regrets dont votre ame eft atteinte.
    Ne puis-je au moins les adoucir.

ZEMIRE.

Vous le pouvez.

AZOR.

    Comment ?, parlez : que faut-il faire ?

ZEMIRE.

Me laiffer voir encore & mes fœurs & mon pere.

AZOR.

Autant que je le puis, je vais vous obéir ;
    Et vous m'en punirez peut-être.
Dans un tableau magique ils vont ici paroître ;
Mais fi vous approchez, tout va s'évanouir.

               D ij

SCENE VI.

AZOR, ZEMIRE, *sur le Théâtre*, SANDER,
FATMÉ, LISBÉ, *dans le Tableau.*

ZEMIRE.

AH, mon pere! ah, mes sœurs!... hélas! comme il est
　　triste !
Il pleure. Sa douleur résiste
Au soin que leur amour prend de le consoler,
Il me cherche des yeux, il semble me parler.
　　Ses bras vers moi semblent s'étendre,
　　Ah! si je pouvois y voler !
　　Si du moins il pouvoit m'entendre !

AZOR.

Cela n'est pas possible.

ZEMIRE.

　　　Et moi, ne puis-je pas
L'entendre lui-même ?

AZOR.

　　Ah, Zemire!
Que me demandez-vous ?

ZEMIRE.

　　　A ce que je desire
Vous vous refusez.

AZOR.

　　　Non. Mais je suis sûr, hélas,
Qu'en vous obéissant je me trahis moi-même.
Leurs plaintes vont me rendre odieux, je le vois ;
　　Mais vous le voulez, je vous aime;
　　Vous allez entendre leur voix.

SANDER, FATMÉ, LISBÉ.

TRIO en sourdine.

SANDER.

Ah ! laissez-moi, laissez-moi la pleurer.
A mes regrets laissez-moi me livrer.

FATMÉ ET LISBÉ.

Mon pere, hélas ! cessez de la pleurer.
A vos regrets cessez de vous livrer.

SANDER.

Qui m'aimera jamais comme elle ?

LISBÉ.

Ce sera moi.

FATMÉ.

　　Ce sera moi.

SANDER.

Qui me rendra ce tendre zele.

LISBÉ.

Ce sera moi.

FATMÉ.

Ce sera moi.
Croyez la voir.

SANDER.

Oui, je la voi.
Je crois l'entendre qui m'appelle.

FATMÉ et LISBÉ.

Nous vous aimons.

SANDER.

Je le fais bien.

Mais ma Zemire !
Ah ! ma Zemire,
Revien, revien !
Sans toi j'expire.
Revien, revien !

FATMÉ et LISBÉ.

Sans toi, Zemire,
Ton pere expire.
Revien, revien !

ZEMIRE, *se précipitant vers le Tableau.*

Ah, mon pere !   (*Tout disparoît.*)

SCENE VII.

ZEMIRE, AZOR.

ZEMIRE, *à Azor.*

AH, cruel !

AZOR.

Je vous l'avois prédit :
Vous-même avez détruit le charme.

ZEMIRE.

L'état de mon pere m'alarme.
Laissez-moi l'aller voir.

AZOR.

Qu'ai-je fait !

ZEMIRE.

Il languit,
Il s'afflige, il se désespere.
Ah ! laissez vous toucher par les larmes d'un pere.

AZOR.

Non , cessez , Zemire , cessez.
Je vous aime ; & je meurs si vous m'êtes ravie.

ZEMIRE.

Pour rassurer mon pere & lui rendre la vie ,
Une heure , un moment , c'est assez.

AZOR.

Ah ! quel est sur moi votre empire !
Allez , allez le voir ce pere tant aimé !
Rassurez son cœur alarmé :
Dites-lui que pour vous , que par vous je respire ;
Que je vous suis soumis ; que vous m'avez charmé ;
Mais Zemire , je vous conjure
De revenir.

ZEMIRE.
Je vous le jure.

AZOR.

Regardez le soleil prêt d'achever son tour,
Si je le vois coucher avant votre retour ,
Dès ce moment je désespere ,
Je finis mon malheureux sort ;
Et vous direz à votre pere :
» Il n'est plus ; j'ai causé sa mort.

ZEMIRE.

Moi ! causer votre mort ; j'en serois bien fâchée !
Non , vous avez tant de bonté ,
Et mon ame en est si touchée.
(à part.)
Que pour vous... Ah ! le sort lui devoit la beauté.

AZOR.

Il dépendra de vous d'en réparer l'injure,
Je vous remets ma vie & ma félicité.
Allez. Si vous êtes parjure ,
Je ne punirai point votre infidélité.
Cet anneau vous rend libre. En le portant , Zemire ,
Vous n'êtes plus en mon pouvoir ;
Et je vous le confie.

ZEMIRE.
O bonté que j'admire !

AZOR.
Mais si vous voulez me revoir ,
Quittez-le ; & dans l'instant vous me serez rendue.

ZEMIRE.
Cette confiance m'est due ;
Et j'en mériterai ce gage en le quittant.

AZOR.

Adieu. N'oubliez pas celui qui vous attend.

(*Le Théâtre change & repréfente la maifon de* SANDER.)

Fin du troifieme Acte.

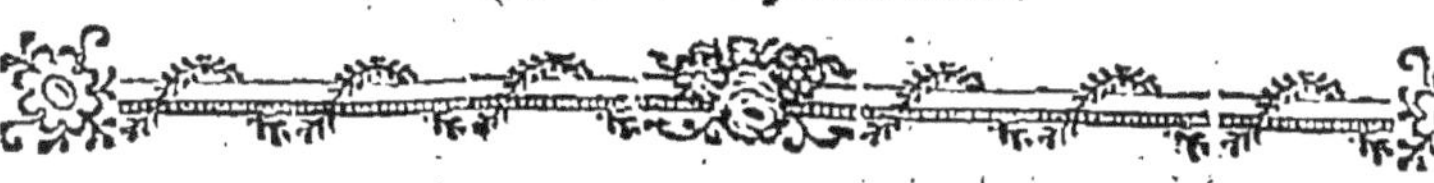

ACTE IV.

SCENE PREMIERE.

SANDER, ALI.

SANDER, *affis, & appuyé triftement fur une table.*

Quel malheur eft le mien !

ALI, *effrayé.*

Ah, Monfieur !

SANDER.

Qu'eft-ce encore ?

ALI.

Dans l'air....

SANDER.

Hé bien dans l'air ?

ALI.

J'ai vu...

SANDER.

Quoi ?

ALI.

Je l'ignore.

AIR.

J'en fuis encore tremblant.
C'eft comme un char volant,
Ou bien c'eft un nuage.
Non, c'eft un char brûlant,
Volant
Sur un nuage ;
Je l'ai bien vu ; J'en fuis tranfi ;
J'ai peur qu'il ne defcende ici.
A l'équipage
Sont attelés
Des beaux ferpens aîlés.
De leurs gueules béantes
N'ai-je pas vu les dents ?

Leurs prunelles brûlantes
Sont deux charbons ardens.
J'en suis encor tremblant.
C'est comme un char volant,
Ou bien c'est un nuage.
Non, c'est un char brûlant,
Volant sur un nuage ;
Ou bien peut-être ce n'est rien.
Quand on a peur, on n'y voit pas si bien.

SANDER.

Et que me fait à moi, ce char, ou ce nuage ?

ALI.

Ho ! rien. Mais c'est encor là
Quelqu'un de ces Messieurs-là,
Qui pour son plaisir voyage.

SCENE II.

ZEMIRE, FATMÉ, LISBÉ, SANDER, ALI.

FATMÉ, LISBÉ.

Voilà ma sœur.

ZEMIRE.

Mon pere !

SANDER.

Ah ! ma fille, est-ce toi ?
Est-ce bien toi que je revoi !

ZEMIRE.

C'est Azor, c'est lui qui m'envoie.
Il permet que je vous revoie :
Il n'a pu me le refuser.
Je n'ai qu'un moment ; je l'emploie,
Mon pere, à vous désabuser.
Cessez de gémir & de craindre :
Avec lui je suis moins à plaindre,
Oui, bien moins que vous ne croyez.
Il a pour moi, vous le voyez,
Les soins les plus touchants, l'amitié la plus tendre.
Il se prive de moi : c'est un penible effort !
Et je sens tous les maux qu'il éprouve à m'attendre.

SANDER.

Quoi !

ZEMIRE.

Si je différois, je causerois sa mort.
Ne vous affligez plus, mon pere sur mon sort.
Je suis heureuse. Adieu.

SANDER

SANDER, *vivement.*

Ciel ! que viens-je d'entendre !
Ma fille tu veux me quitter ?

ZEMIRE.

J'ai promis il m'attend ; & je dois m'acquitter.

SANDER.

Cruelle enfant ! tu veux abandonner ton pere !
Tu ne fais pas les maux que tu m'as fait souffrir.

ZEMIRE.

Pour vous fauver j'ai dû m'offrir ;
Mais au lieu d'un maître févere,
Je trouve un ami généreux.
Non, il n'eft pas méchant, il n'eft que malheureux.

SANDER.

Tu le plains !

ZEMIRE.

Hélas ! il me femble
Qu'il n'étoit pas né ce qu'il eft.
Tenez, quand nous fommes enfemble,
On diroit que c'eft lui qui tremble ;
Qu'il eft perdu s'il me déplait.

SANDER.

Doux & timide en apparence,
Dans le piege il veut t'engager ;
Et tu n'en vois pas le danger.

ZEMIRE.

Non, mon pere ; j'ai l'affurance
Qu'il me chérit de bonne foi.

SANDER.

Ma fille, je fais mieux que toi
Quelle eft fa coupable efpérance.

ZEMIRE.

Il veut vous combler de bienfaits.

SANDER.

Qu'il garde fes biens que je hais ;
Et qu'il n'attende rien de ma reconnoiffance.
Mes biens à moi font mes enfans.
Rien, au prix de leur innocence.

ZEMIRE.

Vous l'outragez, mon pere.

SANDER.

Et toi tu le défends !
Quel fentiment pour lui dans ton ame s'éleve ?

ZEMIRE.

La pitié.

SANDER.

Malheureuſe ! acheve.
Par ſes enchantemens il t'aura ſu toucher.
Il t'intéreſſe !

ZEMIRE.

Hé oui, mon pere, il m'intéreſſe.

SANDER.

Il aura ſurpris ta tendreſſe.

ZEMIRE.

Oui, ſon ſort m'attendrit : je ne puis le cacher.

SANDER.

Quoi ce monſtre !

ZEMIRE.

Daignez m'entendre, & ſoyez juge.
Seule ſans appui, ſans refuge,
Il me tenoit en ſon pouvoir.
J'ai deſiré de vous revoir ;
Il l'a permis : c'eſt peu : vous allez voir s'il m'aime.
Il me rend libre ; il veut lui-même
Que de moi ſeule ici dépende mon deſtin.
Il mourra ſi je l'abandonne ;
Et j'en ai le pouvoir : c'eſt lui qui me le donne ;
En voilà le gage certain.

(*Elle lui montre l'anneau.*)

SANDER.

Cet anneau ?

ZEMIRE.

Cet anneau me rend indépendante.

SANDER.

Du pouvoir du génie ?

ZEMIRE.

Et de ſa volonté.

SANDER.

Je reſpire. Ah ! ma fille !

ZEMIRE.

Eſt ce de ſa bonté
Une preuve aſſez éclatante ?

SANDER.

Ce n'eſt donc que moi déſormais,
Que peut menacer ſa colere ?
Garde toi de quitter cet anneau.

ZEMIRE.

Quoi, mon pere !
Vous voulez !...

SANDER.

Garde toi de le quitter jamais.

ZEMIRE.

Et celui qui m'attend, ce malheureux qui m'aime,
Je l'aurai donc trahi ? j'aurai fait son malheur ?
Ah! plutôt, laissez-moi devoir tout à lui-même.
S'il est sincere & bon, j'attends tout de son cœur.
     S'il est méchant, s'il a pu feindre,
     Et s'il a voulu m'éprouver,
Pour vous, en l'offensant, que n'ai je pas à craindre,
Mon pere ? & de vos bras s'il venoit m'enlever !

SANDER.

Qu'il vienne.

ZEMIRE.

Laissez-moi, laissez-moi vous sauver.

DUO.

ZEMIRE.

Ah! je tremble. Quelles armes
Opposer à son pouvoir.

SANDER.

Mes pleurs, mes cris font les armes
Que j'oppose à son pouvoir.

ZEMIRE.

Non, vous n'avez plus d'espoir,
Plus d'espoir que dans mes larmes.

SANDER.

La nature au désespoir,
S'expose à tout sans alarmes.

ZEMIRE.

Ah! je tremble. Quelles armes
Opposer à son pouvoir;

SANDER.

Mes pleurs, mes cris font les armes
Que j'oppose à son pouvoir.

ZEMIRE.

Ah! mon pere!

SANDER.

Je suis pere.

ZEMIRE.

Si jamais je vous fus chere,
Laissez-moi fuir ce séjour.

FATMÉ et LISBÉ.

Que ne puis-je à sa colere
Aller m'offrir à mon tour !

SANDER.

Et ma fille m'est plus chere
Que la lumiere du jour.

ZEMIRE.

Lui-même en ces lieux peut-être   E ij

Va paroître.

Ah! laiſſez-moi,

S A N D E R.

Qu'il paroiſſe.
Ma tendreſſe
Ne me laiſſe
Aucun effroi.

Z E M I R E.

Ma craintive obéiſſance
Peut déſarmer ſa rigueur.
La jeuneſſe & l'innocence
Ont bien des droits ſur un cœur !

F A T M É et **L I S B É.**

La craintive obéiſſance, &c.

S A N D E R.

J'obtiendrai par ma conſtance,
Qu'il te rende à ma douleur ?
Et ſi ma douleur l'offenſe,
Qu'il me déchire le cœur.

Z E M I R E.

Ah ! je tremble. Quelles armes
Oppoſer à ſon pouvoir, &c.

F A T M É et **L I S B É.**

Ah! je tremble, &c.

S A N D E R.

Mes pleurs, mes cris ſont les armes
Que j'oppoſe à ſon pouvoir, &c.

Z E M I R E *jettant l'anneau.*

Mes ſœurs, conſolez mon pere.

S A N D E R.

Ma fille! elle échappe à mes yeux !

F A T M É et **L I S B É.**

Mon pere !

S A N D E R.

Laiſſez-moi. le jour m'eſt odieux.
Je veux ſur moi du monſtre attirer la colere.
(*Le Théâtre change, & repréſente une partie des jardins*
d'Azor. C'eſt un endroit ſauvage, où une grotte.)

S C È N E   III.

A Z O R, *ſeul.*

R É C I T A T I F *obligé.*

LE ſoleil s'eſt caché dans l'onde ;
Et Zemire ne revient pas !

J'ai tout perdu que fais-je au monde?
Zemire m'abandonne; elle veut mon trépas.

AIR.

Toi Zemire, que j'adore,
Tu m'as donc manqué de foi !
Et pourquoi vivrois-je encore?
Je n'inspire que l'effroi.
Le jour est affreux pour moi.
Ah ! dans ma douleur extrême
Si je voulois me venger!....
Qui? moi ! punir ce que j'aime !
C'est un crime d'y songer.
Non je ne puis me venger.
Mon sort s'accomplit. Je succombe.
Cette grotte sera ma tombe.
C'est trop souffrir ;
Il faut mourir.

(Il tombe dans la grotte.)

SCENE IV.

AIR.

ZEMIRE, *seule.*

Azor ! en vain ma voix t'appelle.
L'écho des bois
Répond seul à ma voix.
Revois Zemire. Elle est fidelle.
Elle consent à vivre sous tes loix.
Azor ! envain ma voix t'appelle,
Hélas ! plus que moi-même
Je sens que je t'aimois :
Et dans ce moment même,
Plus que jamais,
Je t'aime, Azor, je t'aime....

*(Le Théâtre change, & représente un Palais enchanté. AZOR
y paroît sur un trône dans tout l'éclat de sa beauté.)*

SCENE V.

ZEMIRE, AZOR.

AZOR.

Zemire !

ZEMIRE.

Azor !.... ô Ciel ! où suis-je?

AZOR.

Aux vœux d'Azor
Le ciel vous rend plus belle encor.

ZEMIRE.

Qui ? vous, Azor ! est il croyable.

AZOR.

Oui, je suis ce monstre effroyable
Que, malgré sa laideur vous n'avez point haï.
Mais vous rompez le charme il est évanoui.
C'est vous qui me rendez à mon peuple, à moi-même.
Le trône où je remonte, est un de vos bienfaits.
Venez y prendre place, & que le diadême
Soit pour vous le moins cher des dons que je vous fais.

ZEMIRE.

Quel bonheur ! quel prodige ! & c'est moi qui l'opere !

AZOR.

Pour vous la Fée, en sa colere,
Se laisse à la fin désarmer.

ZEMIRE.

Ah ! que je vous ai plaint !

AZOR.

Sa rigueur trop sévere
M'avoit laissé, Zemire, un cœur pour vous aimer.

ZEMIRE.

Et c'étoit assez pour me plaire.
Achevez rendez moi mon pere.

AZOR.

Vous l'allez voir.

ZEMIRE.

Je vais le voir !

AZOR.

Vous allez être en son pouvoir.

SCENE VI.

ZEMIRE, AZOR, LA FÉE, *ramenant* SANDER,
FATMÉ LISBÉ, & ALI.

LA FÉE, *sans se montrer.*

Pere vertueux & sensible,
Revois ta fille.

ZEMIRE, *se jettant dans les bras de son pere.*
Ah !

AZOR, *à Sander.*
Tu me vois

Comme elle foumis à tes loix.

ZEMIRE, *à fon pere.*

C'eft Azor.

SANDER.

Je fais tout.

ZEMIRE.

Serez-vous inflexible ?

AZOR.

Pardonne, hélas ! fois généreux,
Et plus heureux, s'il eft poffible,
Que tu n'as été malheureux.

ZEMIRE, *fuppliante.*

Mon pere !

AZOR.

Oui, de toi-même il faut que je l'obtienne.
Ta fille t'eft rendue ; & de ta volonté
Dépendra ma félicité ;
Je n'ofe dire encor, la fienne.

SANDER.

Ah ! faites fon bonheur ; & quoiqu'il m'ait coûté,
Croyez-vous que je m'en fouvienne ?

SCENE VII. & derniere.

LA FÉE, SA COUR, ET LES ACTEURS PRÉCÉDENS.

LA FÉE.

AZor tu vois que la bonté.
A tous les droits de la beauté.
Sur les cœurs étends fon empire ;
Et que fous ma loi
Tout ce qui refpire,
Adore Zemire,
L'adore avec toi.

La Cour de la Fée célebre l'himen d'Azor & de Zemire.

(LE BALLET COMMENCE.)

DUO.

ZEMIRE ET AZOR.

Amour ! Amour, quand ta rigueur.
Met à l'épreuve un jeune cœur.
A quelles peines tu l'expofes !
Qui mieux que moi faura jamais
Quels font les maux que tu nous caufes,
Quels font les biens que tu nous fais ?

SEXTUOR.

Ah ! le beau jour !
Rendons grace,
Rendons grace à l'amour.
De nos malheurs plus de trace.
Ils font paffés fans retour.
Ah ! le beau jour !
Rendons grace,
Rendons grace à l'amour.

ZEMIRE et AZOR.

Vous plaire eft mon feul defir.

Vous rendre { heureux fait ma gloire.
          { heureufe fait ma gloire.

SANDER, FATMÉ, LISBÉ, ALI.

J'ai peine encore à le croire.

TOUS ENSEMBLE.

Que de gloire & de plaifir !
Ah ! le beau jour !
Rendons grace,
Rendons grace à l'amour.

Le Ballet termine le Spectacle.

FIN.

On trouve à Avignon, chez Jacques Garrigan, Imprimeur-Libraire, place Saint-Didier, un affortiment de Pieces de Théâtre, imprimées dans le même goût.

www.ingramcontent.com/pod-product-compliance
Lightning Source LLC
Chambersburg PA
CBHW061128050726
47594CB00005B/2147